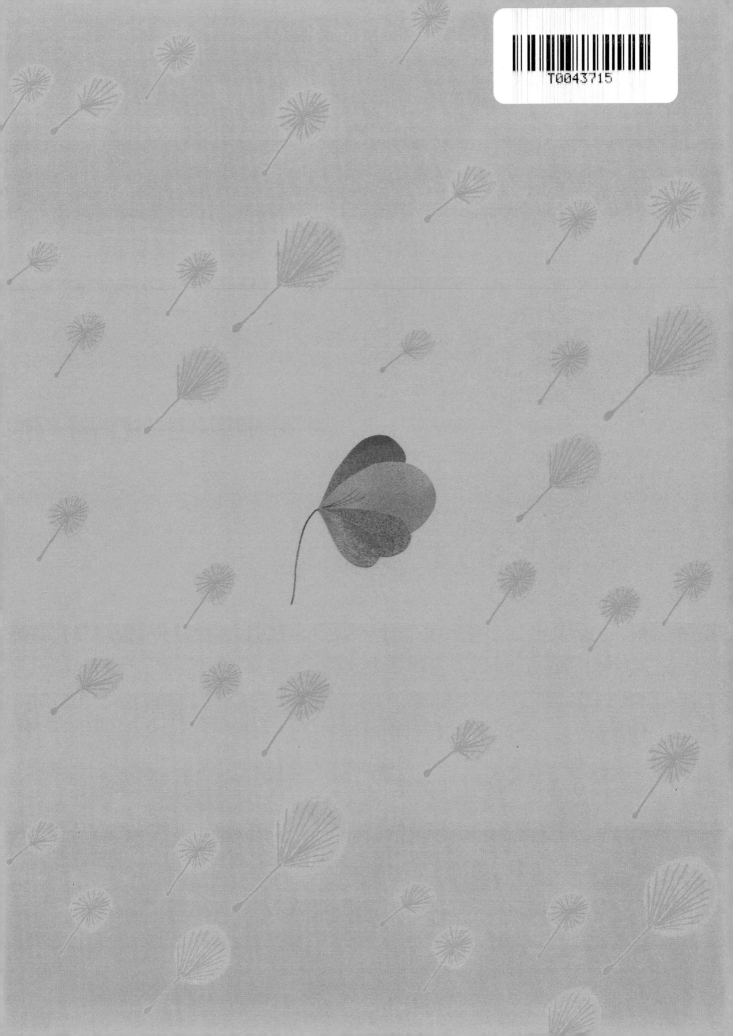

¿ De dónde vengo?

¿De dónde vengo?

AGNIESZKA KACPRZYK

ilustración: MARIANNA SZTYMA

traducción: KAROLINA JASZECKA

1. ¿DE DÓNDE vienen los niños?

—Leo, tenemos una sorpresa para ti.

Mi mamá se acaricia el vientre con una sonrisa.

—¿Vamos a tomar un helado? —quiero adivinar.

Papá también pone la mano sobre la barriga de mamá,
y ahora ya estoy seguro: ¡vamos a la heladería! Porque
siempre que como tres bolas de helado (de fresa,
chocolate y chicle) me agarro el estómago. Cuando
pienso en un gran helado, casi puedo escuchar una
orquesta tocando en mi panza. ¿Será que también toca
en la barriga de mamá?

—Tendrás una hermanita —dice papá, tan contento
como si se hubiera zampado tres bolas de helado y un
pastelito de crema.
—¡Quiero verla!
Miro por toda la habitación, pero no veo a ninguna niña.

—Ahora mismo está en mi vientre —explica mamá.
—¿Y cómo ha llegado ahí? —pregunto, porque puedo
imaginarme incluso una orquesta entera tocando en mi
barriga en honor al helado, pero no a mi hermana.
—Con una semilla.
Mamá sonríe misteriosamente y siento que está a punto
de contarme un gran secreto. ¡Los secretos son incluso
mejores que los helados!

—Te confiaré un gran secreto —dice mamá en un
susurro, como si fuera un secreto enorme.

—Te diré de dónde vienen los bebés y de dónde viniste
tú. Escucha: como habrás notado, los niños y las niñas
se diferencian en que...

—¡Papá y yo tenemos pene! —exclamo con orgullo.
Mi pene es como la manguera de los bomberos. Desde
que dejé de usar el orinal y hago pipí de pie, cada mañana
me imagino apagando un fuego en el retrete.

—Sí, y las chicas tienen vulva.
—Tú tienes una vulva, ¿verdad? Y Dolores, y Lola,
y Amelia, y Ángela, y tía Marta también.

—Sí, todas las chicas tienen vulva.
Creo que la vulva no se parece nada a una manguera
de bomberos, pero apaga incendios igual de bien.

—Cuando una niña y un niño crecen —continúa mamá—, se convierten en hombre y mujer. Pueden gustarse e incluso enamorarse. Y con el amor les dan ganas de abrazar, besarse y acariciarse. Si quieren tener un hijo, cuando se acarician, el hombre tiene que meter su pene en la vulva de la mujer para pasarle su semilla.

Mamá se levanta, saca las llaves de su bolso y mete una en la cerradura.

—Mira, esta llave encaja en el ojo de la cerradura. Lo mismo pasa con la vulva y el pene: también encajan.

—Y cuando ya está ahí, ¿qué pasa?
—Entonces la semilla, que hasta ahora el hombre
llevaba en un pequeño depósito en su cuerpo, salta
dentro de la vulva y viaja hasta el vientre de la mujer.
Allí se encuentra con un globo diminuto, que es un
lugar perfecto donde tiene todo lo que necesita para
desarrollarse. Allí comienza a crecer y, después de un
tiempo, se convierte en un bebé.

—¿Y yo también tengo este pequeño depósito de semillas?

—Todavía no, pero cuando te hagas mayor tu depósito se llenará de ellas —me tranquiliza mamá.

—¿Y también crecí a partir de una semilla?

—Sí, tú también creciste de la semilla que germinó en mí —mamá vuelve a acariciarse la barriga—. Tú también viviste allí. Era una casita muy agradable y suave, pero esto te lo contaré en otro momento.

2. Un globo
LLENO
de AGUA

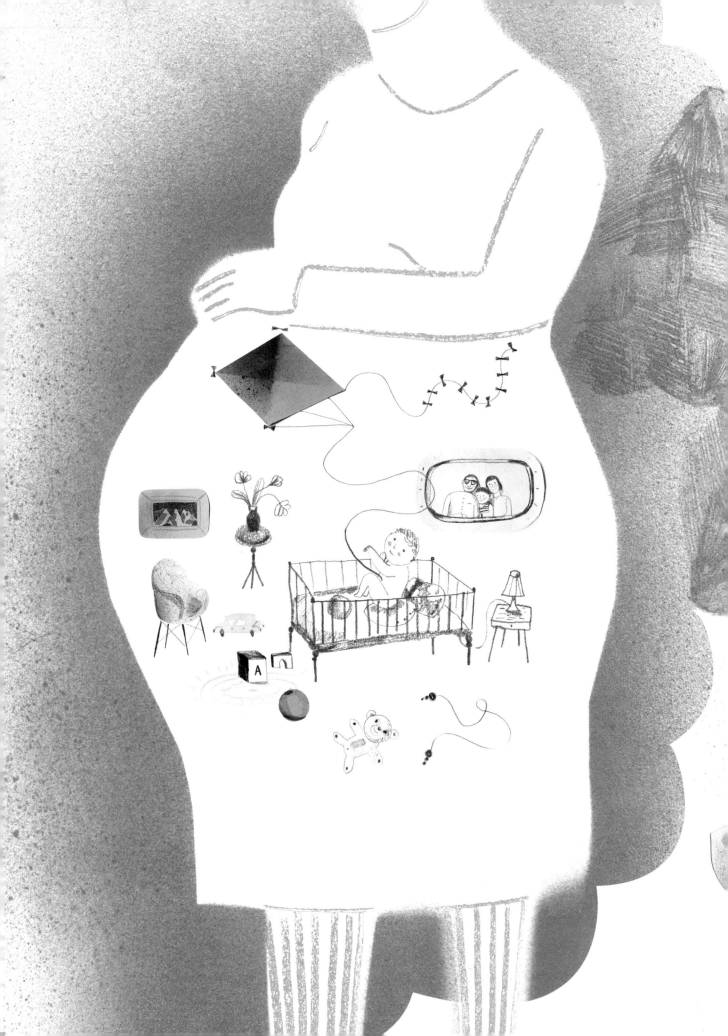

—Mamá, ¿cómo es esa casita en la barriga? —pregunto un día, porque el vientre de mamá había crecido mucho, como si se hubiera zampado una pelota gigante.
—Bueno —responde ella—, no hay juguetes, ni televisión, ni bicicleta. Pero el bebé se siente muy bien aquí dentro.

—¿Y no se aburre? ¿Qué hace todo el día?

—El bebé crece en un globo lleno de agua. Y el globo crece con él. Mira mi barriga. Es cada vez más grande, ¿verdad? Dentro del globo, el bebé nada, da volteretas, se chupa el dedito... Y disfruta de estar en un sitio cálido y blandito.

—¿Y qué come ahí dentro?

—Lo mismo que yo —mamá me levanta la camiseta y me toca el ombligo con el dedo—. Aquí hay un resto del cordón umbilical —explica—. Es como un tubito que te conectaba conmigo cuando vivías en mi barriga. A través de él, te llegaba la comida y la bebida para que pudieras crecer sano y fuerte.

—¿Tú también tienes ombligo?

—Por supuesto. Hace mucho tiempo, yo también viví en el vientre de tu abuela.

—¿Tendré un bebé en mi barriga alguna vez?
—pregunto un día.
—No, cariño —dice mamá, y se ríe—. Pero cuando seas
mayor, tu semilla podrá brotar en el vientre de la mujer
a la que ames.

—¡Pero yo solo te quiero a ti, mamá! —grito.
Y ella me abraza con fuerza y me susurra:
—Un día te enamorarás de una de tus amigas, y luego
ella se convertirá en mamá y tú en papá.
—¡¿De verdad?! —pregunto con incredulidad y corro
hacia mi papá—. ¡¿Sabes que algún día yo también seré
papá de verdad?! ¡Igual que tú!

3. ¿CÓMO SALÍ de la barriga?

—Mamá, ¿juegas conmigo a pilla pilla? —pregunto un día.
Mamá está recostada en el sofá y su vientre parece
una isla enorme.
—Me parece que ya no puedo jugar a pilla pilla
—responde—. Tu hermanita ha crecido tanto que no
tengo fuerzas para correr.
—¿Cuándo la veré por fin?
—Cuando nazca.

—¿Y cuándo será eso? —sigo preguntando, porque realmente tengo mucha curiosidad por saber cómo es alguien que ha vivido en un globo sin hacer nada más que nadar y dar volteretas durante tantos meses.

—Un día el globo en que está tu hermanita estallará.

—¡Oh! ¿Con un boom? —me preocupo, porque no me gusta cuando mis globos explotan.

—No, este globo estallará sin hacer ruido. Luego saldrá de él mucha agua.

—No te preocupes, la limpiaremos —le aseguro a mi mamá, porque ya llevo mucho tiempo ayudando con las tareas en casa.

—Será señal de que hay que ir al hospital,
donde la comadrona y el médico sacarán
a tu hermanita de mi interior.
—¡¿Te abrirán la barriga?! —pregunto con mïedo.
—Ocurre algunas veces. Pero normalmente, el bebé
sale de la misma manera como entró la semilla,
es decir, por la...
—¡Vulva! —exclamo. Sin embargo, empiezo a
preocuparme de nuevo—. ¡Vaya, no va a caber por allí!

Entonces mamá se quita la goma del pelo.

—La vulva puede estirarse, como esta goma —mamá la estira hasta ensancharla mucho—. El bebé se desliza por esta abertura. ¡Y luego, zas! —suelta la goma—. El agujero vuelve a su tamaño inicial.

—¿Yo también salí de tu barriga de esta manera?

—¡Por supuesto!

—¿Y después?

—Después, papá te cogió en brazos y te llevó con la doctora para pesarte, medirte y limpiarte. Y una vez abrigado, te trajeron otra vez conmigo porque tenías mucha hambre.

—¡Y bebí leche del biberón!

—Pues no, no era del biberón.

—¿De una taza?

—No. Al principio, cuando eras muy, muy pequeño, tomabas leche de mi pecho —explica mamá.

Muchos animales pequeños lo hacen, incluidos los gatos, los perros, los becerros y los cerditos.
¡Ah, por eso se les llama «mamíferos»! Porque de maman la leche de sus mamás. Soy un mamífero, igual que nuestro gato *Pardo*. ¡Es increíble!

—Mamá, ¿y dónde está ese tubito con el que tú y yo estábamos conectados?

—¿El cordón umbilical? Papá lo cortó cuando saliste de mi vientre. Después, la comadrona te hizo un nudo pequeñito justo aquí.

Mamá me toca de nuevo el ombligo.

—Pero ¿por qué?

—Porque cuando un bebé nace, se convierte en una persona independiente. Ya no necesita estar conectado con su madre. Come por sí solo, tiene sus propios sentimientos y poco a poco se vuelve cada vez más autónomo.

—Yo soy muy autónomo —presumo, porque mi padre me lo dice mucho—. ¿Y sabéis qué? ¡Me alegro de tener ombligo!

—¿Y eso? —se sorprenden mamá y papá.
—Porque cuando crezca y vaya a algún lugar muy,
muy lejano, mi ombligo me recordará a vosotros.
Será como un recordatorio.
—Es el recuerdo de tu primera casa —añade mamá,
y papá me abraza muy fuerte.

¡Quién diría que todos fuimos semillas alguna vez!

¿Yo también?

¿De dónde vengo?
Primera edición: marzo 2021
Título original: *Skąd jestem?*

© 2021 Thule Ediciones, SL
Alcalá de Guadaíra 26, bajos. 08020 Barcelona
www.thuleediciones.com
© Texto e ilustraciones: Wydawnictwo Albus
© Wydawnictwo Albus 2020

Director de colección: José Díaz
Adaptación gráfica: Jennifer Carná
Traducción: Karolina Jaszecka

EAN: 978-84-16817-94-8
D. L.: B 22789-2020
Impreso por BZGraf S.A., Polonia